ARREST

DU CONSEIL D'ESTAT

DU ROY,

ET LETTRES PATENTES.

Concernant les Fonds qui doivent servir au Payement des nouvelles Marêchauſſées, Et la forme dans laquelle ces Payemens doivent eſtre faits dans toute l'Eſtenduë du Royaume.

Du 26. Aouſt 1721.

Regiſtrées en la Chambre des Comptes.

A PARIS,

DE L'IMPRIMERIE ROYALE.

M. DCCXXI.

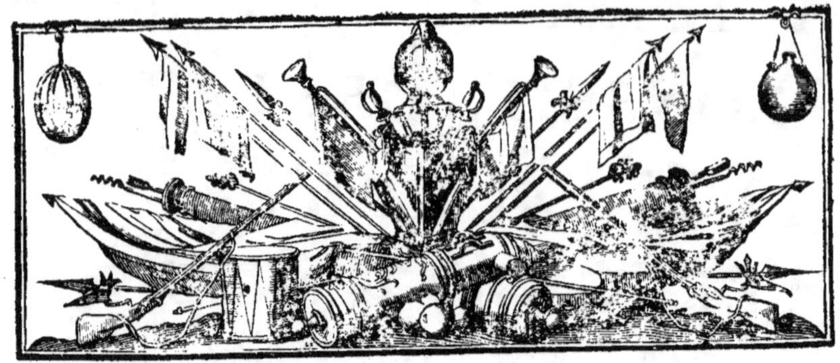

ARREST
DU CONSEIL D'ESTAT
DU ROY,
ET LETTRES PATENTES.

Concernant les Fonds qui doivent servir au Payement des nouvelles Marêchauffées, Et la forme dans laquelle ces Payemens doivent estre faits dans toute l'Estenduë du Royaume.

Du 26. Aouft 1721.

Extrait des Regiftres du Confeil d'Eftat.

LE ROY ayant par fon Edit du mois de Fevrier 1719. Créé deux Offices, l'un ancien & l'autre alternatif, de Treforiers Generaux Payeurs des Gages & Solde des Marêchauffées des vingt Generalitez des Pays d'Election, de la Generalité de Metz, & de la Province d'Alface, aufquels a efté joint le Payement de la

A ij

Compagnie du Prevoſt de l'Iſle de France, & de celle du Lieutenant Criminel de Robbe-courte du Chaſtelet de Paris, & du Prevoſt General des Monnoyes : Il a eſté ordonné par l'Article XI. dudit Edit, qu'il ſeroit fait fonds au Treſor Royal des ſommes neceſſaires pour les Gages & Taxations deſdits Treſoriers de l'année 1719. & pour les épices, façons, vacations & frais de reddition des Comptes des années 1717. 1718. & 1719. Et qu'à commencer pour l'année 1720. leſdites ſommes ſeroient payées conjointement avec les Gages, Solde & augmentations de Gages des Marêchauſſées, ſur les fonds provenans de l'Impoſition ordinaire du Taillon ; Et en conſequence, par Arreſt du Conſeil du 22. Avril de la même année 1719. il a eſté ordonné que l'Impoſition ordinaire du Taillon des vingt Generalitez des Pays d'Election, ſeroit augmentée à commencer pour ladite année 1720. de la ſomme de Trente huit mille ſix cens livres pour les Gages, Taxations, Epices & frais de Comptes à rendre par leſdits Treſoriers des Marêchauſſées. Depuis Sa Majeſté ayant par autre Edit du mois de Mars de l'année derniere 1720. Eteint & ſupprimé tous les Officiers & Archers des Marêchauſſées dans toute l'Eſtenduë du Royaume, aux exceptions y portées, Et Eſtabli par le même Edit une nouvelle Compagnie de Marêchauſſée dans chaque Département ou Generalité, il a auſſi eſté ordonné par Arreſt de ſon Conſeil du 29 Novembre 1720. que le ſupplément de fonds neceſſaire pour le Payement des Gages, Appointemens & Solde deſdites nouvelles Marêchauſſées, & de celles reſervées par ledit Edit, dont leſdits Treſoriers feroient le Payement, tant pour les huit derniers mois 1720. & la preſente année 1721. que pour les années ſuivantes, ſeroit impoſé au marc la livre de la Taille & conjointement avec les deniers d'icelle ſur tous les contribuables des vingt Generalitez des Pays d'Election, pour le Recouvrement en eſtre fait par les Collecteurs, & remis és mains des Receveurs des Tailles, chacun dans leur année d'Exercice, & par eux employé au Payement deſdites nouvelles Marêchauſſées, avec les fonds ordinaires faits dans les Eſtats du Taillon deſtinez au Payement des anciennes Marêchauſſées ſupprimées, conformement auſdits Edits des mois de Fevrier

1719 & Mars 1720. Et jugeant qu'il eſt neceſſaire pour le bien du ſervice de Sa Majeſté & l'utilité du public, que le Payement des Gages. Appointemens & Solde de toutes leſdites Marêchauſſées, ſe faſſe par leſdits Treſoriers créez par ledit Edit du mois de Fevrier 1719. ou leurs Commis dans les Départemens & Generalitez où elles ſont Eſtablies, & non par les Receveurs des Tailles, afin que leſdits Payemens ſoient faits plus regulierement, Et que toute la Recette & Dêpenſe qui ſera faite pour leſdites Marêchauſſées ſoit compriſe dans un ſeul & même Compte; Et voulant expliquer ſes intentions ſur la forme dont Elle veut que le fonds pour le Payement deſdits Gages & Solde des Officiers & Archers deſdites nouvelles Marêchauſſées, leur ſoit remis, & le Payement par eux fait auſdits Officiers & Archers ſur les ac- quits qu'ils en retireront, & ſur la maniere dont ils en compte- ront, tant au Conſeil, qu'en la Chambre des Comptes de Paris; Oüy le Rapport du S.r Le Pelletier de la Houſſaye Conſeiller d'Eſtat ordinaire & au Conſeil de Regence pour les Finances, Controlleur General des Finances. SA MAJESTÉ EN SON CONSEIL, de l'avis Monſieur le Duc d'Orleans Regent, a Or- donné & ordonne.

ARTICLE PREMIER.

QUE le Payement des Gages & Solde des Officiers & Archers deſdites nouvelles Marêchauſſées, & des Compagnies reſervées par ledit Edit du mois de Mars 1720. qui eſtoit ordonné par l'Arti- cle II. de l'Edit du mois de Fevrier 1719. & par l'Arreſt du 29. Novembre 1720. eſtre fait & continué par les Receveurs des Tail- les des vingt Generalitez des Pays d'Election, & par les Receveurs particuliers de la Generalité de Metz & de la Province d'Alſace, dont ils devoient retirer des Quittances à la décharge des nouveaux Treſoriers deſdites Marêchauſſées, créées par ledit Edit de Fevrier 1719. ſera fait à commencer de l'année derniere 1720. & à l'ave- nir, tant dans leſdites vingt Generalitez des Pays d'Election, Generalité de Metz & Province d'Alſace, que dans les Pays d'Eſ- tats & Départemens de Flandres & Haynault, Comté de Bour- gogne & Rouſſillon, par leſdits Treſoriers des Marêchauſſées, chacun dans leur année d'Exercice, ou par leurs Commis ou Preposez dans tous les Départemens & lieux où les Compagnies ou Brigades desdites Marêchaussées font leur residence : N'entend néantmoins Sa Majesté rien innover pour ce qui concerne le Payement, tant de la Compagnie du Prevost General de la Connestablie, qui continuëra d'estre fait par les Tresoriers des Troupes de la Maison du Roy, que de celle du Chevalier du Guet de Lyon, qui continuëra d'estre fait par le Receveur de la Ville de Lyon, comme par le passé.

II.

ORDONNE Sa Majesté que les fonds qui estoient cy-devant faits dans les Estats des Recettes particulieres des Tailles, tant des vingt Generalitez des Pays d'Election que de la Generalité de Metz & Province d'Alsace pour le payement des anciennes Marêchaussées, Ensemble les Sommes qui ont esté imposées la presente année 1721. Et qui le seront pour les années suivantes dans les vingt Generalitez des Pays d'Election, tant pour les Gages & Taxations desdits Tresoriers, que pour supplément des Dêpenses desdites nouvelles Marêchaussées, en execution des Arrests du Conseil des 22. Avril 1719. & 29. Novembre 1720. soient destinez par les Estats desdites Recettes particulieres, à commencer pour l'année derniere 1720. singulierement & distinctement à la Recette Generale des Finances de chaque Generalité, & remis par le Receveur General des Finances en Exercice, au Tresorier des Marêchaussées aussi en Exercice, dans les termes ordinaires & accoûtumez, pour estre par luy employez au payement des gages, solde & appointemens des Officiers & Archers des Marêchaussées, comme il est porté par l'Article precedent; Et en rapportant par les Receveurs des Tailles les Quittances Comptables des Receveurs Generaux des Finances, & par lesdits Receveurs Generaux, celles des Tresoriers des Marêchaussées, elles feront passées dans leurs Estats & Comptes, sans difficulté.

III.

VEUT Sa Majesté que les fonds destinez pour le Payement des

Marêchauffées Eftablies dans les Provinces & Pays d'Eftats, qui eftoient cy-devant faits dans les Eftats defdites Provinces & Pays, Enfemble les fommes que les Eftats defdites Provinces fourniffoient par forme de gratification pour l'augmentation & fubfiftance defdites anciennes Marêchauffées, feroient auffi remis à commencer de l'année derniere 1720. aufdits nouveaux Treforiers dans les mêmes termes que les deniers des autres Impofitions, Sçavoir, ceux qui eftoient cy-devant compris dans lefdits Eftats par les Receveurs Generaux des Finances defdits Pays, Et ceux que lefdites Provinces & Pays fourniffoient par gratification, par les Treforiers ou Receveurs des Impofitions defdits Eftats; à l'effet de quoy lefdits fonds continüeront d'eftre faits & fournis annuellement, Et les dêpenfes que lefdits Receveurs Generaux des Finances, Treforiers ou Receveurs des Impofitions defdits Pays en feront dans leurs Eftats & Comptes, y feront paffées & alloüées en vertu des Quittances Comptables defdits nouveaux Treforiers des Marêchauffées.

IV.

Le fonds de Huit mille livres qui eftoit fait dans l'Eftat des Domaines de Sa Majefté de la Province de Flandre, fous le nom du Payeur de la Compagnie des Marêchauffées des Provinces de Flandres & Haynault, fupprimé par ledit Edit du mois de Mars 1720. pour le Payement de partie des Gages de ladite Compagnie qui y a efté eftablie en l'année 1679. auffi bien que les fommes impofées fur les Bailliages & Chaftellenies dépendantes defdites Provinces. feront annuellement remis és mains defdits nouveaux Treforiers, auffi à commencer de l'année derniere 1720. fçavoir celuy de Huit mille livres, par le Receveur General defdits Domaines de Flandre, Et celuy provenant des Impofitions fur lefdits Bailliages & Chaftellenies, par les Receveurs & Prepofez à la Recette defdites Impofitions, lefquelles feront à cet effet continuées de même que le fonds defdites Huit mille livres, dans l'Eftat defdits Domaines, Et les dêpenfes qui en feront faites par lefdits Receveurs des Domaines & par les Receveurs defdites Impofitions, feront pareillement paffées dans leurs Eftats & Comptes, sur les Quittances du Treforier defdites Marêchauffées en Exercice.

V.

Qu'a commencer par ladite année 1720. il fera fait & arrefté au Confeil deux Eftats particuliers pour regler les Recettes & Dépenfes, tant des fommes qui eftoient cy-devant employées dans le projet du Taillon, que de celles qui ont efté ou feront impofées à l'avenir pour fupplement des dépenfes des nouvelles Marêchauffées; Sçavoir, un pour ce qui concernoit les charges affignées fur le Taillon & Ordinaire des Guerres, dont les Treforiers des Troupes de la Maifon du Roy font chargez, Et l'autre pour ce qui regardera les Marêchauffées dont les Treforiers Generaux d'icelles font chargez, dans chacun defquels Eftats il fera employé en Recette toutes les fommes qui ont efté ou devront eftre remifes aufdits Treforiers Generaux des Troupes de la Maifon du Roy & à ceux des Marêchauffées, tant par les Receveurs Generaux des Finances des vingt Generalitez des Pays d'Election, que par ceux defdits Départemens de Metz, Province d'Alface, Flandre & Haynault, Comté de Bourgogne & Rouffillon, Treforiers & Receveurs des Pays d'Eftats, & autres chargez des Recouvremens des Deniers deftinez au Payement des charges affignées fur le Taillon & Ordinaire des Guerres, & pour la dépenfe defdites Marêchauffées, dont l'employ fera fait dans chacun defdits Eftats, en confequence defquels lefdits Treforiers Generaux, tant ceux des Troupes de la Maifon du Roy, que ceux des Marêchauffées rendront Compte de leurs Exercices, chacun féparement, tant au Confeil qu'à la Chambre des Comptes, en la forme & maniere ordinaire.

VI.

Pour Eftablir une uniformité dans le Payement des Gages, appointemens & Solde defdites nouvelles Marêchauffées, & des Compagnies refervées par ledit Edit du mois de Mars 1720. Ordonne Sa Majefté que les Officiers & Archers d'icelles en feront payez chaque année de trois mois en trois mois; à l'effet duquel

quel payement il fera fait quatre Reveües defdites Marêchauſſées par chacun an, de trois mois en trois mois, par le Prevoſt Ge-neral de chaque Département ou Generalité, en preſence de l'In-tendant de la Province ou Generalité, ou de ſes Subdeleguez dans les Villes & lieux de la reſidence des Brigades, leſquelles Reveües feront viſées par leſdits Intendans ou leurs Subdeleguez, de chacune deſquelles il fera envoyé deux Expeditions au Se-cretaire d'Eſtat ayant le Département de la Guerre, ſur leſquelles Reveües Sa Majeſté fera expedier un Eſtat pour ſervir au Paye-ment des Gages, Appointemens & Solde defdites Marêchauſſées, duquel Eſtat ſera remis une Expedition & de chacune defdites Reveües, au Treforier defdites Marêchauſſées en Exercice, pour luy ſervir à faire ledit Payement aux Officiers & Archers dénom-mez auſdits Eſtats & Reveües, moyennant quoy Sa Majeſté a difpenſé & difpenſe leſdits Treſoriers de rapporter ſur leurs Eſ-tats & Comptes le Certificat de ſervice du Secretaire d'Eſtat de la Guerre, & l'Eſtat de Diſtribution des Officiers des Bureaux des Finances, qu'il eſtoit d'uſage de rapporter ſur les Eſtats & Comptes des Treſoriers de l'Ordinaire des Guerres.

VII.

LES Officiers & Archers defdites nouvelles Compagnies de Marêchauſſée feront tenus de rapporter au Treforier en Exercice, pour une fois ſeulement; Sçavoir, les Prevoſts & Lieutenans qui ont levé leurs Offices aux Revenus Caſuels, copies collation-nées de leurs Quittances de Finance, Proviſions & Receptions, & Enregiſtrement és Greffes defdites Marêchauſſées, & ceux qui poſſedoient d'anciens pareils Offices, des copies collationnées ſeulement de leurs Brevets, Quittances de Finance & Enregiſ-trement à la Conneſtablie & aux Greffes defdites Marêchauſſées; les Aſſeſſeurs, les Procureurs de Sa Majeſté & les Greffiers, des copies collationnées de leurs Commiſſions & Enregiſtrement aux Greffes de la Conneſtablie & defdites Marêchauſſées, avec les ſimples Quittances ſignées de chacun defdits Officiers; Et les Exempts, Brigadiers, ſous-Brigadiers & Archers, une copie collationnée de leurs Commiſſions enregiſtrées aux Greffes des

B

Marêchauffées, avec une feule Quittance fignée des Exempts, Brigadiers, fous-Brigadiers & Archers qui compoferont une même Brigade, laquelle fera vifée par le Prevoft ou Lieutenant, dans le Département duquel ladite Brigade fera fa refidence; A l'égard des Officiers & Archers des Compagnies de Marêchauffée refervées par ledit Edit du mois de Mars 1720. ils continüeront de rapporter aufdits Treforiers des Marêchauffées en Exercice, copies collationnées de leurs Provifions & Receptions, avec des Quittances de chacun d'eux, comme il s'eft pratiqué par le paffé: Les difpenfant néantmoins Sa Majefté de rapporter les Eftats de Diftribution des Officiers du Bureau des Finances, ainfi que lef dites nouvelles Marêchauffées; Et en rapportant par lefdits Treforiers des Marêchauffées lefdits acquits en la forme cy-deffus prefcrite, les Gages, Appointemens & Solde des Officiers & Archers des Marêchauffées, feront paffées dans la Dêpenfe des Eftats & Comptes defdits Treforiers, fans difficulté.

VIII.

ET attendu que pour affeûrer le fervice des Marêchauffées, les fujets qui ont efté agréez & choifis pour remplir les Charges & Commiffions d'Officiers & Archers defdites nouvelles Marêchauffées créées & eftablies par ledit Edit du mois de Mars 1720. en ont fait, fuivant les ordres du Secretaire d'Eftat ayant le département de la Guerre, l'Exercice & fonctions pendant partie de l'année derniere 1720. & de la prefente, avant que leurs Quittances de Finance, Provifions, Receptions, Brevets ou Commiffions & Enregiftremens ayent efté expediez. Et Sa Majefté voulant les traiter favorablement, tant à caufe du fervice qu'ils ont rendu, que des dépenfes qu'ils ont efté obligez de faire pour leur eftabliffement, Ordonne Sa Majefté que lefdits Officiers aufquels il eft attribué des Gages, en joüiront du jour & datte de leurs Quittances de Finance, Et que tous les Officiers & Archers defdites nouvelles Marêchauffées feront payez de leur folde & appointemens, à compter du jour qu'ils ont commencé à faire le fervice, fuivant l'Employ qui en fera fait dans les Eftats que Sa Majefté fera expedier pour le payement defdites Marêchauffées;

Pourveû néantmoins qu'ils ayent esté presens à la premiere Re-
veüe qui a esté ou qui sera faite, Et en rapportant par eux, pour
cette fois seulement, un Certificat du Secretaire d'Estat ayant le
departement de la Guerre, dans lequel sera marqué le jour qu'ils
ont commencé à faire le service. Leur faisant Sa Majesté, en tant
que besoin est ou seroit, Don desdites portions de Gages, solde
& appointemens, nonobstant que leurs Provisions, Receptions,
Brevets, Commissions & Enregistremens n'ayent esté expediez,
Et que lesdites Reveües n'ayent esté faites que posterieurement;
Moyennant quoy lesdits Gages, solde & appointemens seront pas-
sez dans les Estats & Comptes des Tresoriers des Marêchaussées,
sans difficulté.

IX.

Seront au surplus les Edits, Declarations & Arrests con-
cernans lesdites Marêchaussées executez, en ce qui n'y est point
derogé par le present Arrest, pour l'Execution duquel toutes
Lettres necessaires seront expediées. Fait au Conseil d'Estat du
Roy, tenu à Paris le vingt-sixiéme jour d'Aoust mil sept cens
vingt-un. Collationné. *Signé* RANCHIN.

LETTRES PATENTES.

LOUIS par la Grace de Dieu Roy de France et de
Navarre : A nos amez & feaux Conseillers, les Gens te-
nans nostre Chambre des Comptes à Paris, SALUT. Ayant par
nostre Edit du mois de Fevrier 1719. Créé deux Offices, l'un
Ancien & l'autre Alternatif de Tresoriers Generaux-Payeurs des
Gages & Solde des Marêchaussées des vingt Generalitez de nos
Pays d'Election, de nostre Generalité de Metz, & de nostre Province d'Alsace, ausquels a esté joint le Payement de la Compagnie de nostre Prevost de l'Isle de France, de celle de Lieutenant Criminel de Robbe courte de nostre Chastelet de Paris, &
de nostre Prevost General des Monnoyes. Nous aurions ordonné par l'Article XI. de nostredit Edit, qu'il seroit fait fonds à nostre Tresor Royal, des sommes necessaires pour les Gages & Taxa-

B ij

tions defdits Treforiers, de l'année 1719. Et pour les épices & façons, vacations & frais de Reddition des Comptes des années 1717. 1718. & 1719. Et qu'à commencer pour l'année 1720. lefdites fommes feroient payées conjointement avec les Gages, Solde & augmentation de Gages des Marêchauffées, fur les fonds provenans de l'Impofition ordinaire du Taillon. Et en confequence par Arreft de noftre Confeil du 22. Avril de la même année 1719. Nous aurions ordonné que l'Impofition ordinaire du Taillon des vingt Generalitez des Pays d'Election, feroit augmentée à commencer pour l'année 1720. de la fomme de 38500. livres. pour les Gages, Taxations, Epices & frais de Comptes à rendre par les Treforiers de nofdites Marêchauffées; Et depuis ayant par noftre Edit du mois de Mars de l'année derniere 1720. Efteint & fupprimé tous les Officiers & Archers defdites Marêchauffées dans toute l'Etenduë de noftre Royaume, aux exceptions y portées; Et eftabli par le même Edit une nouvelle Compagnie de Marêchauffées dans chaque Département ou Generalité. Nous aurions auffi ordonné par Arreft de noftre Confeil du 29. Novembre 1720. que le Supplement des fonds neceffaires pour le Payement des Gages, Appointemens & Solde, des nouvelles Marêchauffées, Et de celles refervées par noftredit Edit, dont nofdits Treforiers feroient le Payement, tant pour les huit derniers mois de l'année 1720. & la prefente année 1721. que pour les années fuivantes, feroit impofé au marc la livre de la Taille & conjointement avec les deniers d'icelle, fur tous les Contribuables de nos vingt Generalitez, des Pays d'Election, pour le Recouvrement en eftre fait par les Collecteurs & remis és mains des Receveurs des Tailles, chacun dans leur année d'Exercice, Et par eux employé au Payement defdites nouvelles Marêchauffées, avec les fonds ordinaires faits dans nos Eftats du Taillon, deftinez au Payement des anciennes Marêchauffées fupprimées conformement à nofdits Edits des mois de Fevrier 1719. & Mars 1720. Et jugeant qu'il eftoit neceffaire pour le bien de noftre fervice & l'utilité du Public, que le Payement des Gages, Appointemens & Solde de toutes nofdites Marêchauffées, fût fait par nofdits Treforiers, créez par noftredit Edit du mois de Fe-

vrier 1719. ou leurs Commis dans les Départemens & Generalitez où elles font eftablies, Et non par les Receveurs des Tailles, afin que lefdits Payemens foient faits plus regulierement, &
que toute la Recette & dépenfe qui fera faite pour nofdites Marêchauffées, foit comprife dans un feul & même Compte. Et
voulant expliquer nos intentions fur la forme dont nous Voulons
que le Payement defdits Gages & Solde des Officiers & Archers defdites nouvelles Marêchauffées, leur foit remis, Et le Payement
par eux fait aufdits Officiers & Archers, fur les acquits qu'ils en
retireront, & fur la maniere dont ils en compteront, tant en noftre Confeil, que devant vous, Nous y aurions pourveû par Arreft de noftre Confeil du 26. Aouft de la prefente année 1721.
fur lequel Nous aurions ordonné que toutes Lettres neceffaires feroient expediées. A CES CAUSES, de l'avis de noftre trés cher & trés
amé Oncle le Duc d'Orleans petit Fils de France Regent de
noftre Royaume, de noftre trés cher & trés amé Oncle le Duc
de Chartres premier Prince de noftre Sang, de noftre trés cher
& trés amé Coufin le Duc de Bourbon, de noftre trés cher &
trés amé Coufin le Comte de Charollois, de noftre trés cher &
trés amé Coufin le Prince de Conty, Princes de noftre Sang, &
de noftre trés cher & trés amé Oncle le Comte de Touloufe,
Prince Legitimé, & autres Pairs de France, Grands & Nota-
bles Perfonnages de noftre Royaume, Et conformement audit
Arreft de noftre Confeil dudit jour 26. Aouft de la prefente année 1721. cy-attaché fous le Contre-fcel de noftre Chancelle-
rie, Nous avons ordonné & ordonnons par ces prefentes fignées
de noftre main.

ARTICLE PREMIER.

QUE le Payement des Gages & Solde des Officiers & Archers
defdites nouvelles Marêchauffées & des Compagnies refervées par
noftredit Edit du mois de Mars 1720. qui eftoit ordonné par
l'Article II. de noftre Edit du mois de Fevrier 1719. & par l'Arreft de noftre Confeil du 29. Novembre 1720 eftre fait & continué par les Receveurs des Tailles des vingt Generalitez des Pays
d'Election, & par les Receveurs particuliers de la Generalité de

Metz & de la Province d'Alface, dont ils devoient retirer des Quittances à la décharge des nouveaux Treforiers defdites Marêchauffées créées par noftredit Edit de Fevrier 1719. fera fait à commencer de l'année derniere 1720. & à l'avenir, tant dans lefdites vingt Generalitez des Pays d'Election, Generalitez de Metz & Province d'Alface, que dans nos Pays d'Eftats, & Département de Flandre & Haynault, Comté de Bourgogne & Rouffillon, par lefdits Treforiers de nos Marêchauffées, chacun dans leur année d'Exercice, ou par leurs Commis ou Prepofez dans tous les Départemens & lieux où les Compagnies ou Brigades defdites Marêchauffées font leur refidence. N'entendons néantmoins rien innover pour ce qui concerne le Payement, tant de la Compagnie de noftre Prevoft General de la Conneftablie, qui continuëra d'eftre fait par les Treforiers des Troupes de noftre Maifon, que de celle de noftre Chevalier du Guet de Lyon, qui continuëra d'eftre fait par le Receveur de la Ville de Lyon, comme par le paffé.

II.

ORDONNONS pareillement que les fonds qui eftoient cy-devant faits dans les Eftats de Recettes particulieres des Tailles, tant des vingt Generalitez des Pays d'Election, que de la Generalité de Metz & Province d'Alface, pour le Payement des anciennes Marêchauffées, Enfemble les fommes qui ont efté impofées la prefente année 1721. & qui le feront pour les années fuivantes dans les vingt Generalitez des Pays d'Election, tant pour les Gages & Taxations de nofdits Treforiers, que pour fupplément de dépenfe defdites nouvelles Marêchauffées, en Execution des Arrefts de noftre Confeil du 22. Avril 1719. & 29. Novembre 1720. foient deftinez par nos Eftats defdites Recettes particulieres, à commencer pour l'année 1720. fingulierement & diftinctement, à la Recette Generale des Finances de chaque Generalité, & remis par le Receveur General des Finances en Exercice, au Treforier des Marêchauffées auffi en Exercice, dans les termes ordinaires & accouftumez, pour eftre par luy employez au Payement des Gages, Solde & Appointemens des Officiers & Archers defdites Marêchauffées, comme il eft porté par l'Article precedent;

Et en rapportant par les Receveurs des Tailles les Quittances Comptables des Receveurs Generaux des Finances, Et par lefdits Receveurs Generaux celles des Treforiers de nos Marêchauffées, elles feront paffées dans leurs Eftats & Comptes, fans difficulté.

III.

VOULONS que les fonds deftinez pour le payement des Marêchauffées eftablies dans nos Provinces & Pais d'Eftats, qui eftoient cy-devant faits dans les Eftats defdites Provinces & Païs, Enfemble les fommes que les Eftats de nofdites Provinces fourniffoient par forme de gratification, pour l'augmentation & fubfiftance defdites anciennes Marêchauffées, foient auffi remis à commencer de l'année derniere 1720. aufdits nouveaux Treforiers, dans les mêmes termes que les deniers des autres Impofitions; Sçavoir, ceux qui eftoient cy-devant compris dans lefdits Eftats, par les Receveurs Generaux des Finances defdits Païs; Et ceux que lefdites Provinces & Païs fourniffoient par gratification, par les Treforiers ou Receveurs defdites Impofitions defdits Eftats, à l'effet dequoy lefdits fonds continüeront d'eftre faits & fournis annuellement; Et les dépenfes que lefdits Receveurs Generaux des Finances, Treforiers ou Receveurs des impofitions defdits Païs en feront dans leurs Eftats & Comptes, y feront paffées & alloüées en vertu des Quittances Comptables defdits nouveaux Treforiers defdites Marêchauffées.

IV.

VOULONS auffi que le fonds de Huit mille livres qui eftoit fait dans les Eftats de nos Domaines de la Province de Flandre, fous le nom du Payeur de la Compagnie des Marêchauffées de nos Provinces de Flandre & Haynault fupprimées par noftredit Edit du mois de Mars 1720. pour le payement de partie defdits Gages de ladite Compagnie qui y a efté eftablie en l'année 1679, auffi bien que les fommes impofées fur les Bailliages & Châtellenies dépendantes defdites Provinces, foit annuellement remis és mains defdits nouveaux Treforiers, auffi à commencer de l'année derniere 1720. Sçavoir, celuy de Huit mille livres, par le Receveur General de nofdits Domaines de Flandre, Et celuy provenant des Impofitions fur lefdits Bailliages & Châtellenies, par les Receveurs & prepofez à la Recette defdites Impofitions, lefquelles feront à cet effect continuées, de mefme que les fonds defdites Huit mille livres dans les Eftats de nofdits Domaines, Et que les dépenfes qui en feront faites par lefdits Receveurs des Domaines, & par les Receveurs defdites Impofitions, foient pareillement paffées dans leurs Eftats & Comptes fur les Quittances du Treforier de nofdites Marêchauffées en Exercice.

V.

ORDONNONS pareillement qu'à commencer par ladîte année 1720. il fera fait & arrefté en noftre Confeil, deux Eftats particuliers pour regler les Recettes & dépenfes, tant des fommes qui eftoient cy-devant employées dans noftre projet du Taillon, que de celles qui ont efté ou feront impofées à l'avenir pour fupplément de dépenfe defdites nouvelles Marêchauffées; Sçavoir un pour ce qui concerne les charges affignées fur le Taillon, & Ordinaire des Guerres, dont les Treforiers des Troupes de noftre Maifon font chargez, Et l'autre pour ce qui regardera les Marêchauffées, dont nos Treforiers Generaux d'icelles font chargez; dans chacun defquels Eftats, il fera employé en Recette toutes les fommes qui ont efté ou devront eftre remifes aufdits Treforiers Generaux des Troupes de noftre Maifon, & ceux defdites Marêchauffées, tant par les Receveurs Generaux de nos Finances des vingt Generalitez des Pays d'Election, que par ceux des Départemens de Metz, Province d'Alface, Flandre & Haynault, Comté de Bourgogne & Rouffillon, Treforiers & Receveurs de nos Pays d'Eftats, & autres chargez des Recouvremens des deniers deftinez au Payement des charges affignées fur le Taillon, & Ordinaire des Guerres, & pour la dépenfe defdites Marêchauffées, dont l'employ fera fait dans chacun defdits Eftats, En confequence defquels nofdits Treforiers Generaux, tant ceux des Troupes de noftre Maifon, que ceux defdites Marêchauffées, rendront compte de leurs Exercices, chacun feparement, tant en noftre

Confeil,

Conſeil, que devant vous en la forme ordinaire.

VI.

Pour eſtablir une uniformité dans le Payement des Gages, Appointemens & Solde de noſdites nouvelles Maréchauſſées, Et des Compagnies reſervées par noſtredit Edit du mois de Mars 1720. Ordonnons que les Officiers & Archers d'icelles en ſeront payez chaque année de trois mois en trois mois; A l'effet duquel Payement il ſera fait quatre Reveües deſdites Maréchauſ-ſées par chacun an, de trois mois en trois mois, par le Prevoſt General de chaque Département ou Generalité, en preſence de l'Intendant de la Province ou Generalité, ou de ſes Subdele-guez dans les Villes & lieux de la reſidence des Brigades, leſquel-les Reveües ſeront viſées par leſdits Intendans ou leurs Subdele-guez, de chacune deſquelles il ſera envoyé deux Expeditions à noſtre Secretaire d'Eſtat ayant le Département de la Guerre, ſur leſquelles Reveües Sa Majeſté fera expedier un Eſtat pour ſervir au Payement des Gages, appointemens & ſolde deſdites Maré-chauſſées, duquel Eſtat ſera remis une Expedition, & de chacu-ne deſdites Reveües, au Treſorier de noſdites Maréchauſſées en Exercice, pour luy ſervir à faire ledit Payement aux Officiers & Archers dénommez auſdits Eſtats & Reveües; moyennant quoy Nous avons diſpenſé & diſpenſons noſdits Treſoriers de rappor-ter ſur leurs Eſtats & Comptes le Certificat de ſervice de noſtre Secretaire d'Eſtat de la Guerre, Et l'Eſtat de Diſtribution des Officiers de nos Bureaux des Finances, qu'il eſtoit d'uſage de rapporter ſur les Eſtats & Comptes de nos Treſoriers de l'Ordi-naire des Guerres.

VII.

Les Officiers & Archers de noſdites nouvelles Compagnies de Maréchauſſée, ſeront tenus de rapporter au Treſorier en Exer-cice, pour une fois ſeulement, Sçavoir, les Prevoſts & Lieutenans qui ont levé leurs Offices aux Revenus Caſuels, copies colla-tionnées de leurs Quittances de Finance, Proviſions; Reception & Enregiſtrement és Greffes deſdites Maréchauſſées, Et ceux qui

poſſedoient d'anciens pareils Offices, des copies collationnées
ſeulement de leurs Brevets, Quittances de Finance & Enregiſtrement à la Conneſtablie & aux Greffes des Marêchauſſées; Les
Aſſeſſeurs, nos Procureurs & les Commis, des Copies collationnées de leurs Commiſſions & Enregiſtrement aux Greffes de la
Conneſtablie & deſdites Marêchauſſées, avec les ſimples Quittances ſignées de chacun deſdits Officiers; Et les Exempts, Brigadiers, ſous-Brigadiers & Archers, une copie collationnée de
leurs Commiſſions enregiſtrées au Greffe deſdites Marêchauſſées,
avec une ſeule Quittance ſignée des Exempts, Brigadiers, ſous-
Brigadiers & Archers qui compoſeront une même Brigade, laquelle ſera viſée par le Prevoſt ou Lieutenant dans le Département duquel ladite Brigade fera ſa reſidence; A l'égard des Officiers & Archers des Compagnies des Marêchauſſées reſervées
par noſtredit Edit du mois de Mars 1720. ils continüeront de
rapporter auſdits Treſoriers de nos Mareſchauſſées en exercice,
copies collationnées de leurs Proviſions & Reception, avec des
quittances de chacun d'eux, comme il s'eſt pratiqué par le paſſé,
les diſpenſant neantmoins de rapporter les Eſtats de Diſtribution
de nos Officiers des Bureaux des Finances, ainſi que leſdites nouvelles Marêchauſſées; Et en rapportant par noſdits Treſoriers des
Mareſchauſſées les acquits en la forme cy-deſſus preſcrite, Voulons que les Gages, Appointemens & Solde des Officiers & Archers deſdites Mareſchauſſées, ſoient paſſez dans la dêpenſe des
Eſtats & Comptes deſdits Treſoriers, ſans difficulté.

VIII.

Et attendu que pour aſſeurer le ſervice deſdites Marêchauſſées,
les Sujets qui ont eſté agréez & choiſis pour remplir les Charges
& Commiſſions d'Officiers & Archers deſdites nouvelles Marêchauſſées, créées & eſtablies par noſtredit Edit du mois de Mars
1720. en ont fait (ſuivant les ordres de noſtre Secretaire d'Eſtat
ayant le Département de la Guerre) l'Exercice & Fonctions pendant partie de l'année derniere 1720. & de la preſente, avant que
leurs Quittances de Finance, Proviſions, Receptions, Brevets,
ou Commiſſions & Enregiſtrement ayent eſté expediez; Et vou-

lant les traiter favorablement, tant à caufe du fervice qu'ils ont
rendu, que des dêpenfes qu'ils ont efté obligez de faire pour leur
eftabliffement : Ordonnons que lefdits Officiers aufquels il eft attribué des Gages, en joüiront du jour & datte de leurs Quittances de Finance, Et que tous les Officiers & Archers defdites nouvelles Marêchauffées feront payez de leur folde & appointemens,
à compter du jour qu'ils ont commencé à faire le fervice, fuivant
l'employ qui en fera fait dans les Eftats que nous ferons expedier
pour le Payement defdites Marêchauffées, pourveû néantmoins
qu'ils ayent efté prefens à la premiere Reveuë qui a efté ou qui
fera faite, en rapportant par eux, pour cette fois feulement, un
Certificat de noftre Secretaire d'Eftat ayant le Département de
la Guerre, dans lequel fera marqué le jour qu'ils ont commencé
à faire le fervice; Leur faifant en tant que befoin eft ou feroit, Don
defdites portions de Gages, Solde & Appointemens, nonobftant
que leurs Provifions, Receptions, Brevets, Commiffions & En-
regiftrement n'ayent efté expediez, & que lefdites Reveuës n'ayent
efté faites que pofterieurement; Moyennant quoy lefdits Gages,
Solde & Appointemens, feront paffez dans les Eftats & Comptes
de nofdits Treforiers des Marêchauffées, fans difficulté.

IX.

Seront au furplus les Edits, Declarations & Arrefts concernant lefdites Marêchauffées, executez en ce qui n'y eft point derogé par ledit Arreft de noftre Confeil & ces Prefentes. Si vous
mandons, & tres expreffement Enjoignons que ces Prefentes vous
ayez à faire regiftrer pour eftre executées felon leur forme & teneur, nonobftant tous Edits, Declarations, Arrefts, Reglemens,
& ufages à ce contraires, aufquels nous avons en tant que de befoin derogé & dérogeons par cefdites Prefentes. Donné à Paris
le feiziéme jour de Septembre, l'an de grace mil fept cens
vingt-un, Et de noftre Regne le feptiéme. *Signé* LOUIS. *Et
plus bas*, Par le Roy, le Duc d'Orleans Regent prefent.
Signé Le Blanc, avec grille & paraphe.

Regiſtrées en la Chambre des Comptes, Oüy le Procureur General du Roy, pour eſtre executées ſelon leur forme & teneur, à la charge que les deux Treſoriers des Maréchauſſées, ſeront tenus de compter en la Chambre, deux années aprés chacun de leurs Exercices expirées; Qu'ils ne joüiront des cinq deniers pour livre de Taxations à eux attribuées que ſur les dépenſes actuelles de leur Compte, en ce non compris les remiſes, taxations & la dépenſe commune; Que les façons des Comptes & Vacations du Procureur ſeront reglées au Jugement des Comptes, ainſi qu'il appartiendra: Et en outre à la charge que les Taxations deſdits Treſoriers ſeront jugées au grand Bureau en la maniere accoûtumée, le tout conformement à l'Arreſt d'Enregiſtrement de la Chambre du 22. May 1719. intervenu ſur l'Edit du mois de Fevrier precedent. Les Semeſtres aſſemblez le quinziéme jour de Decembre mil ſept cens vingt-un. Signé NOBLET.

POUR LE ROY.   *Collationné à l'Original par Nous Ecuyer-Conſeiller-Secretaire du Roy, Maiſon-Couronne de France & de ſes Finances.*